Leçons de Piano

Volume 3

T0081911

Auteurs
Barbara Kreader, Fred Kern, Phillip Keveren

Illustrations
Fred Bell

Traduction
Sylvie Fritsch

PRÉFACE

Au fur et à mesure de sa progression dans les recueils de **Leçons de Piano, Vol. 1** et **Vol. 2**, l'élève a sans doute remarqué que jouer du piano était vraiment fantastique. Ce troisième volume, grâce à sa présentation ludique, permet d'en savoir davantage sur la théorie de la musique et l'élève verra que tout en s'amusant il peut encore améliorer son jeu. Pour acquérir avec facilité les nouveaux gestes techniques, un grand nombre d'exercices originaux et de chansons amusantes sont proposés.

Évidemment, on n'a pas toujours un professeur à ses côtés. L'accompagnement sur compact disc que l'on peut se procurer séparément rend le travail à la maison plus agréable. La pratique quotidienne devient plus motivante et les morceaux sonnent mieux encore.

Le recueil de **Leçons de Piano, Vol. 3** peut être accompagné du recueil de **Solos pour Piano, Vol. 3** où l'élève trouve encore plus de chansons agréables à jouer et à écouter. Pour accompagner ces solos, il existe également un compact disc vendu séparément.

S'exercer devient un vrai plaisir !

Référence : 0581-00-401 DHE

ISBN 978-90-431-1095-2

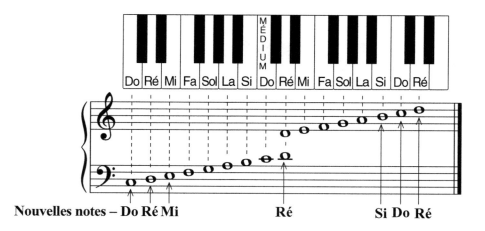

Nouvelles notes – Do Ré Mi   **Ré**   **Si Do Ré**

On appelle **INTERVALLE** la distance qui sépare une touche d'une autre.

Intervalle de Seconde   Intervalle de Tierce   Intervalle de Quarte   Intervalle de Quinte

LES NUANCES

le son augmente progressivement (crescendo)   *ff* très fort (fortissimo)

le son diminue progressivement (decrescendo)   *pp* très doux (pianissimo)

LES ALTÉRATIONS

♯ dièse   ♭ bémol   ♮ bécarre

TERMES MUSICAUX

Le legato   les notes sont soutenues et liées

Le staccato   les notes sont piquées et détachées

L'accent   la note est jouée plus fortement

8va (Ottava)   *8va--------------*   joue à l'octave supérieure ou inférieure

L'anacrouse
(ou la levée)   note(s) précédant la première mesure complète

Ritardando   *rit.*   ralentis le mouvement graduellement

Les lignes supplémentaires   sont utilisées pour écrire des notes qui n'ont pas de place sur les cinq lignes de la portée

SOMMAIRE

* Pour suivre sa progression, l'élève peut cocher les morceaux déjà joués.

CHAPITRE 1

LES CROCHES

Deux croches valent une noire.

♩ = 1 temps

♫ = 1 temps

Frappe le rythme dans tes mains et compte à voix haute :

1 et 2 et 3 et 4 et

La petite rivière

Gracieux

Cela aide de frapper le rythme avec les mains avant de jouer le morceau.

Air traditionnel

La pe - ti - te ri - vière cou - le, cou - le. La pe - ti - te ri - vière s'en va vers la mer.

La pe - ti - te ri - vière s'en va vers la mer.

Accompagnement (l'élève joue une octave plus haut.) **1/2**

Gracieux (♩=100)

**LES CHIFFRES INDICATEURS
DE MESURE**

$\begin{matrix} 2 \\ 4 \end{matrix}$ $\left(\begin{matrix} 2 \\ \end{matrix}\right)$ = Il y a deux temps par mesure
= La noire est l'unité de temps

Mélodie du Dakota

Régulier

Chant indien

La deuxième fois, les deux mains jouent une octave plus bas.

Accompagnement
Régulier (♩=86)

La deuxième fois, jouez une octave plus bas.

5

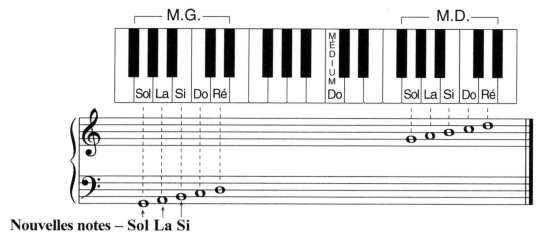

Nouvelles notes – Sol La Si

Le hoquet

Allegro (♩=160) **5/6**

Stephen Covello

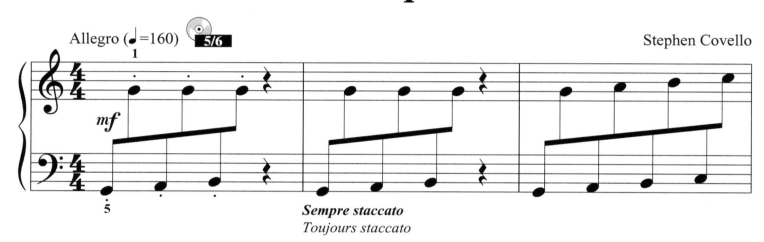

mf

Sempre staccato
Toujours staccato

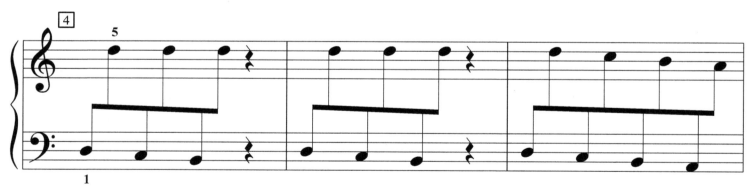

6

Petit rossignol

Allegro (♩=145) **7/8**

Air traditionnel allemand

mf Pe - tit ros - si - gnol, dis - moi, cet air est - il pour moi ? Me donnes-

tu des nou - velles de ceux qui vivent loin de moi ? Es - tu *mp*

tou - jours si joy - eux ? N'es - tu donc ja - mais triste ? Pe - tit *mf* *f*

mes - sa - ger de joie, tu es le roi des bois.

Berceuse

Andante (♩=98) **9/10**

Air traditionnel polonais

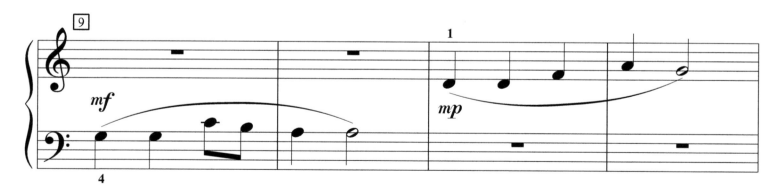

CHAPITRE 2

LA SIXTE

Si tu veux jouer un intervalle de sixte sur le clavier, il te faudra :
- passer de la touche choisie à celle située cinq touches plus loin.
- passer du Do au La, du Ré au Si, etc.

Sur la portée, on obtient un intervalle de sixte en sautant quatre notes. La sixte se situe :
- dans un interligne si l'on part d'une ligne.
- sur une ligne si l'on part d'un interligne.

Le boogie du cookie

Animé

Air traditionnel

Accompagnement (l'élève joue une octave plus haut.) **11/12**

Animé (♩=130)

9

Fleurs de lavande

Tendrement

mp

Accompagnement (l'élève joue deux octaves plus haut.) 13/14

Tendrement (♩=102)

p

Avec pédale

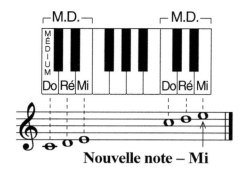

Nouvelle note – Mi

Dans un morceau swing, on donne un effet rythmique aux croches en alternant des croches longues et des croches courtes (croches inégales).

longue - courte longue - courte longue - courte longue - courte

Dans mon train

Swing (♩=110) **15/16**

Musique : Eddie Newton
Arrangement : Phillip Keveren

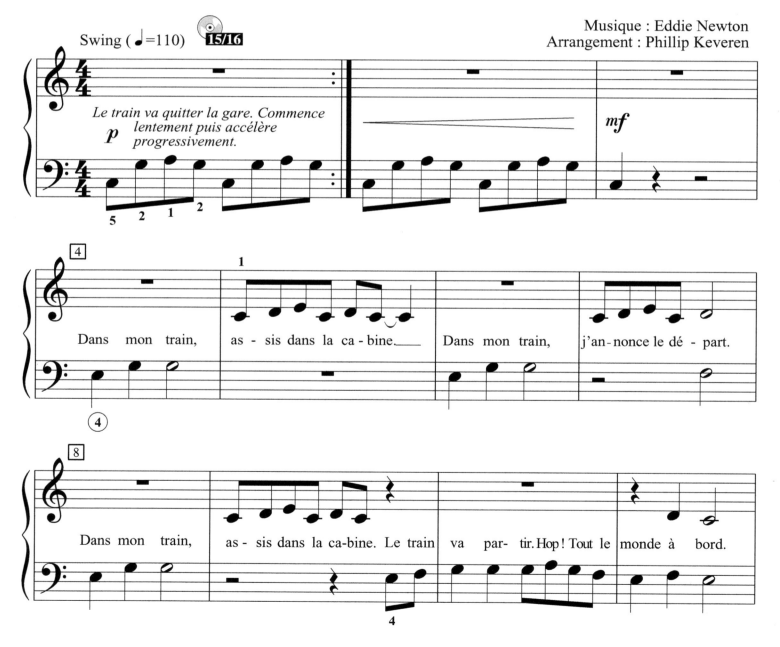

Le train va quitter la gare. Commence lentement puis accélère progressivement.

Dans mon train, as - sis dans la ca - bine.___ Dans mon train, j'an - nonce le dé - part.

Dans mon train, as - sis dans la ca - bine. Le train va par - tir. Hop ! Tout le monde à bord.

Le match de baseball

Musique : Albert von Tilzer
Arrangement : Fred Kern

Accompagnement (l'élève joue une octave plus haut.)

14

de - bout dans la tri - bu- *p* ne, j'en -

cou - rage mes fa - vo - ris. *p* Al - lez

un, deux, trois, c'est ga - gné et nous

sommes pre - miers.

La chanson du moissonneur

Robert Schumann
(1810-1856)
Arrangé par Fred Kern

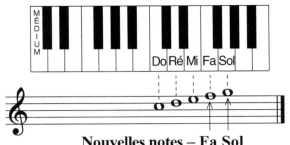

Nouvelles notes – Fa Sol

Le printemps

Antonio Vivaldi
(1675-1741)
Arrangé par Fred Kern

Allegro (♩=155) 21/22

f

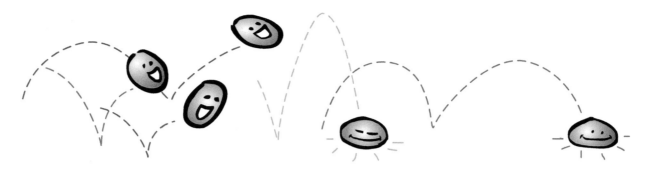

Les ricochets

Presto (♩=200) **23/24**

Italo Taranta

CHAPITRE 3

NOIRE POINTÉE - CROCHE

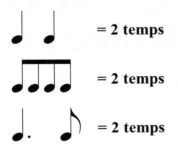

La valeur d'une **noire pointée suivie d'une croche** équivaut à deux noires ou quatre croches.

= 2 temps

= 2 temps

= 2 temps

Frappe le rythme dans tes mains et compte à voix haute :

1 et 2 et 3 et 4 et

Dors, mon enfant

Calme   Air traditionnel

Dors,   mon en-fant.   Fais   de beaux rêves   jus - qu'au ré - veil.

Nouvelle note : Si

Dors,   mon en - fant.   Les   an - ges veillent   sur   ton   som - meil.

Accompagnement (l'élève joue une octave plus haut.) **25/26**

Calme (♩=82)

Avec pédale

Qui aura le dernier mot ?

Querelleur (♩=145) **27/28**

Phillip Keveren

* (M.D. ou M.G.)

Joue un cluster aigu avec la main qui devrait avoir, selon toi, le dernier mot !

LE DEMI-TON

Le **demi-ton** est la plus petite distance qui sépare deux notes. Sur le clavier du piano, le demi-ton sépare deux touches qui sont juste à côté l'une de l'autre (noires ou blanches).

Voici quelques exemples de demi-tons :

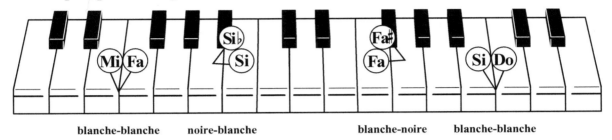

Par ici la monnaie !

Rapide

Air traditionnel

En analysant la première ligne de la mélodie, tu remarqueras qu'elle n'est composée que de demi-tons.

f *À la reprise, accélère le mouvement progressivement.*

Nouvelle note : Mi

Accompagnement (l'élève joue une octave plus haut.) **29/30**

Rapide (♩=170)

mf

21

Dixieland

Rapide (♩=190)
À la reprise, M.D. 8va

Bill Boyd

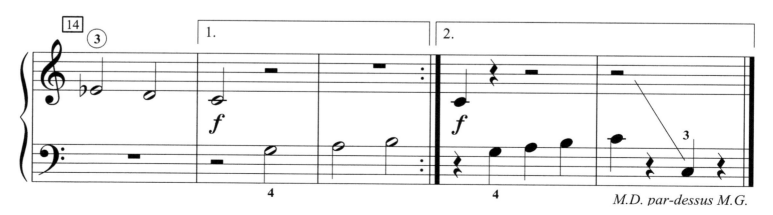

M.D. par-dessus M.G.

La valse des chenilles

Modéré, avec humour (♩=165) **33/34**

Phillip Keveren

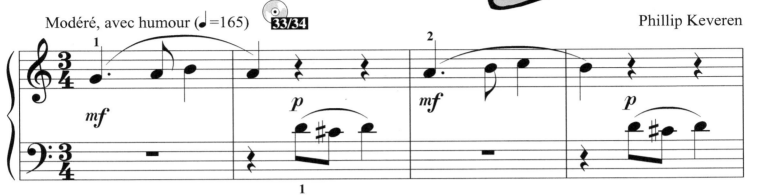

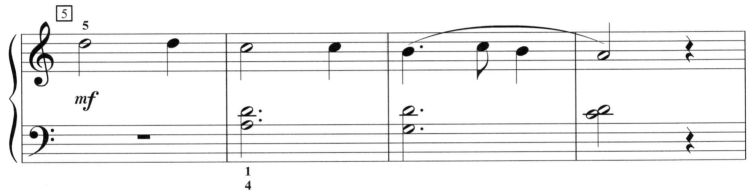

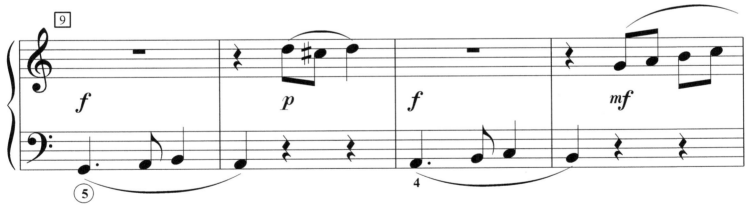

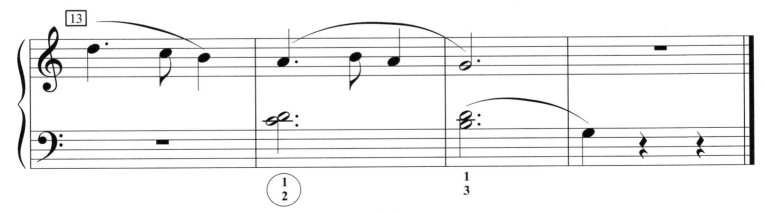

LE TON

Sur le clavier du piano, le **ton** représente la distance entre deux touches (noires ou blanches) séparées par une touche intermédiaire.

LOCO

Le terme **loco** indique qu'il faut jouer les notes à leur hauteur réelle.

A TEMPO

Le terme **A tempo** indique qu'il faut revenir au tempo initial.

Voici quelques exemples de tons :

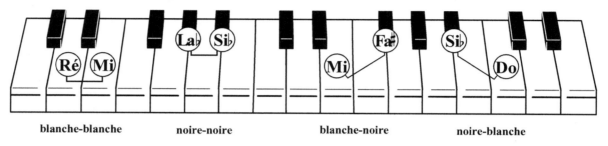

blanche-blanche   noire-noire   blanche-noire   noire-blanche

Le coucher du soleil

Modérément lent, expressif (♩=125) **35/36**

Phillip Keveren

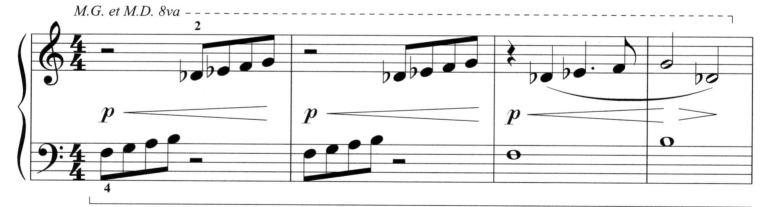

24

LA PÉDALE FORTE (ou pédale de résonance)

La **pédale forte** laisse résonner les notes en maintenant les étouffoirs écartés des cordes. Appuye sur la pédale avec le pied droit en gardant le talon au sol. Le symbole ci-dessous t'indique à quel moment utiliser la pédale.

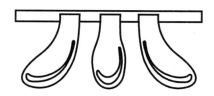

enfonce   relâche
la pédale   maintiens la pédale enfoncée   la pédale

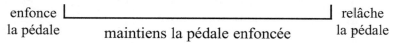

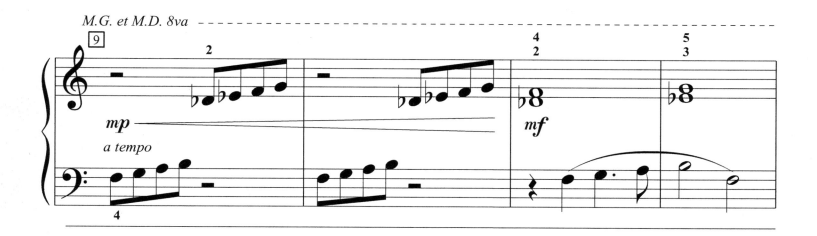

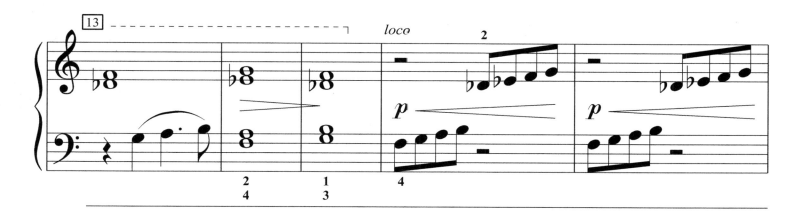

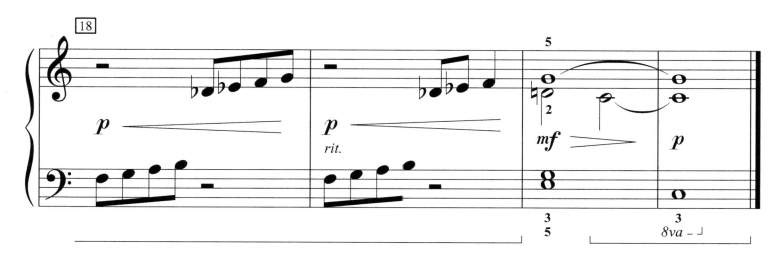

CHAPITRE 4

LES PENTACORDES MAJEURS

Un pentacorde est un schéma de cinq notes. Dans les **pentacordes Majeurs**, les cinq notes sont disposées dans l'ordre tons/demi-tons suivant :

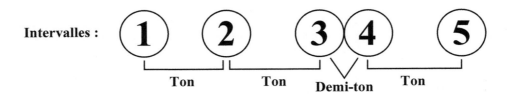

Pentacorde de Do Majeur

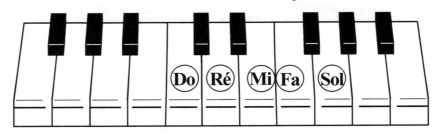

ACCORDS MAJEURS DE TROIS SONS

Un **accord Majeur de trois sons** se compose des notes 1, 3 et 5 des pentacordes Majeurs.

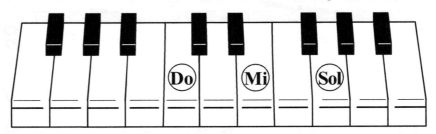

Accord de trois sons de Do Majeur

Ma Chanson

Improvisation en Do Majeur

Place les deux mains dans la position du pentacorde en Do Majeur. Ton professeur interprétera l'accompagnement ci-dessous. À toi d'improviser la mélodie à l'aide de la main droite ou de la main gauche.

Pieds nus sur le sable chaud

Phillip Keveren

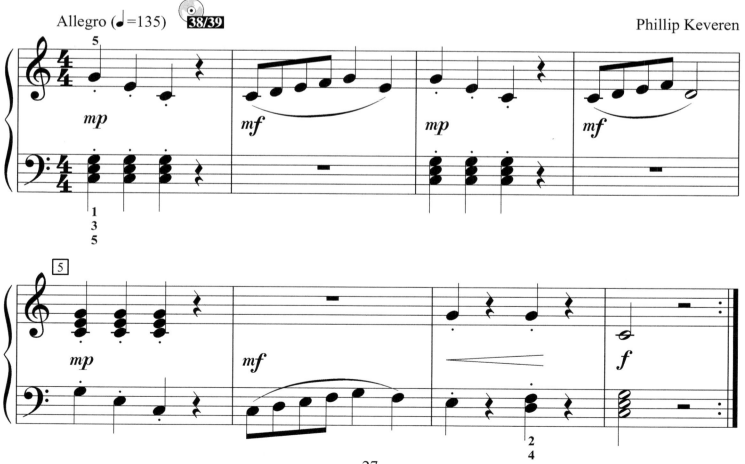

Quadrille

Joseph Haydn
(1732-1809)

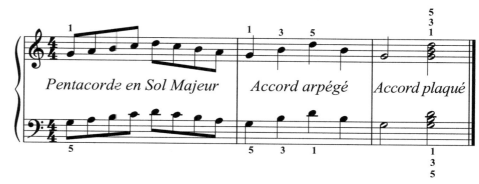

Ma Chanson

Improvisation en Sol Majeur

Place les deux mains dans la position du pentacorde en Sol Majeur. Ton professeur interprétera l'accompagnement ci-dessous. À toi d'improviser la mélodie à l'aide de la main droite ou de la main gauche.

Accompagnement

L'attraction gravitationnelle

Animé (♩=170)

Fred Kern

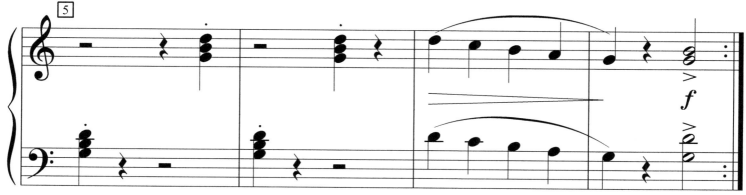

D.S. (Dal Segno) al Fine

Indique qu'il faut revenir au 𝄋 (*Segno*) et poursuivre jusqu'au mot fin (*Fine*).

Scherzo

Anton Diabelli
(1781-1858)
Op. 149, No. 6
Arrangé par Fred Kern

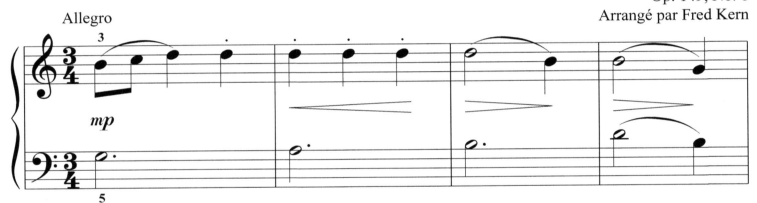

Accompagnement (l'élève joue une octave plus haut.) 45/46

Ma Chanson

Improvisation en Fa Majeur

Place les deux mains dans la position du pentacorde en Fa Majeur. Ton professeur interprétera l'accompagnement ci-dessous. À toi d'improviser la mélodie à l'aide de la main droite ou de la main gauche.

L'effet boule de neige

Fred Kern

Tambour,
clairon et fifre

Avec aisance (♩=155) **50/51**

Phillip Keveren

La chorale

Fred Kern

En promenade

Swing modéré (♩=117) **54/55**

Phillip Keveren

CHAPITRE 5

LES PENTACORDES MINEURS

Les **pentacordes mineurs** rassemblent cinq notes disposées
dans l'ordre tons/demi-tons suivant :

Pentacorde en La mineur

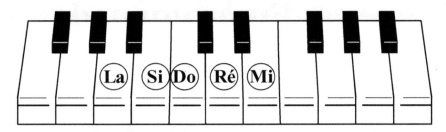

ACCORDS MINEURS
DE TROIS SONS

Un **accord mineur de trois sons** se compose des notes
1, 3 et 5 des pentacordes mineurs.

Intervalles :

Fondamentale Tierce Quinte

Accord de trois sons de La mineur

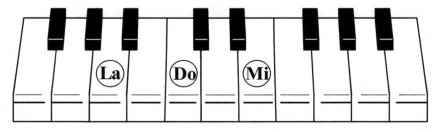

Ma Chanson

Improvisation en La mineur

Ton professeur interprétera l'accompagnement ci-dessous. À toi d'improviser la mélodie en utilisant le pentacorde en La mineur.

Danse mineure

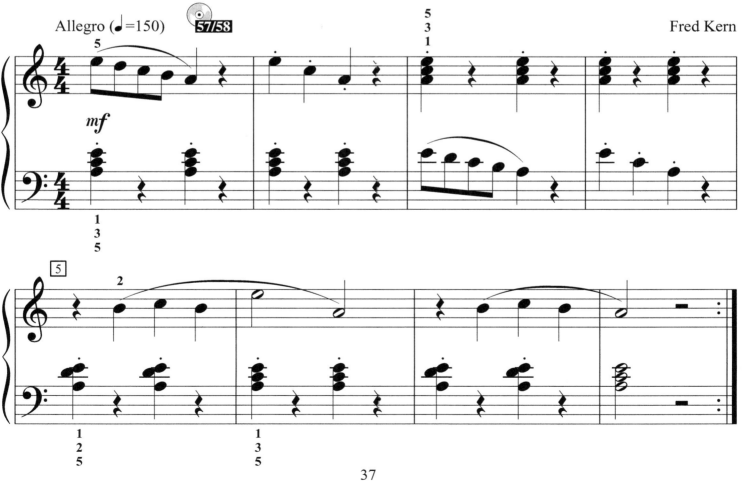

Romance

Anton Diabelli
(1781-1858)
Op. 149, No. 11
Arrangé par Fred Kern

Accompagnement (l'élève joue une octave plus haut.) 59/60

38

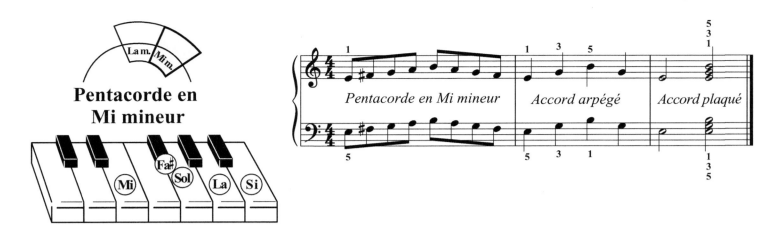

Pentacorde en Mi mineur

Ma Chanson

Improvisation en Mi mineur

Ton professeur interprétera l'accompagnement ci-dessous. À toi d'improviser la mélodie en utilisant le pentacorde en Mi mineur.

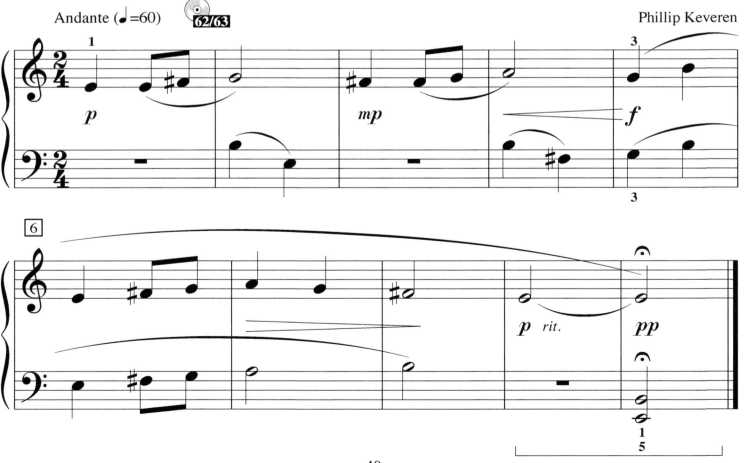

Air triste

Phillip Keveren

Le feu follet

Régulier (♩=145)

Barbara Kreader

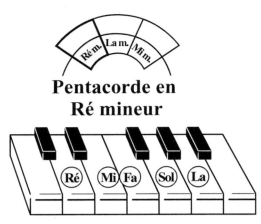

Pentacorde en Ré mineur

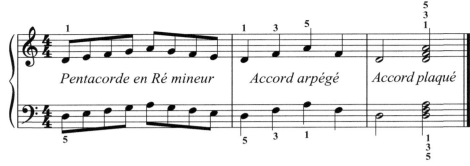

Ma Chanson

Improvisation en Ré mineur

Ton professeur interprétera l'accompagnement ci-dessous. À toi d'improviser
la mélodie en utilisant le pentacorde en Ré mineur.

Accompagnement 66

Fluide (♩=120)

Répéter autant de fois qu'il le faut | *Dernière fois*

Avec pédale

Sur un marché en Arménie

Rapide

Air traditionnel arménien

Accompagnement (l'élève joue une octave plus haut.) 67/68

Rapide (♩=140)

D.C. (Da Capo) al Coda
signifie qu'il faut reprendre du début
jusqu'au premier signe de coda ⊕ ;
puis passer au deuxième signe ⊕
jusqu'à la fin du morceau.

Le troubadour

Phillip Keveren

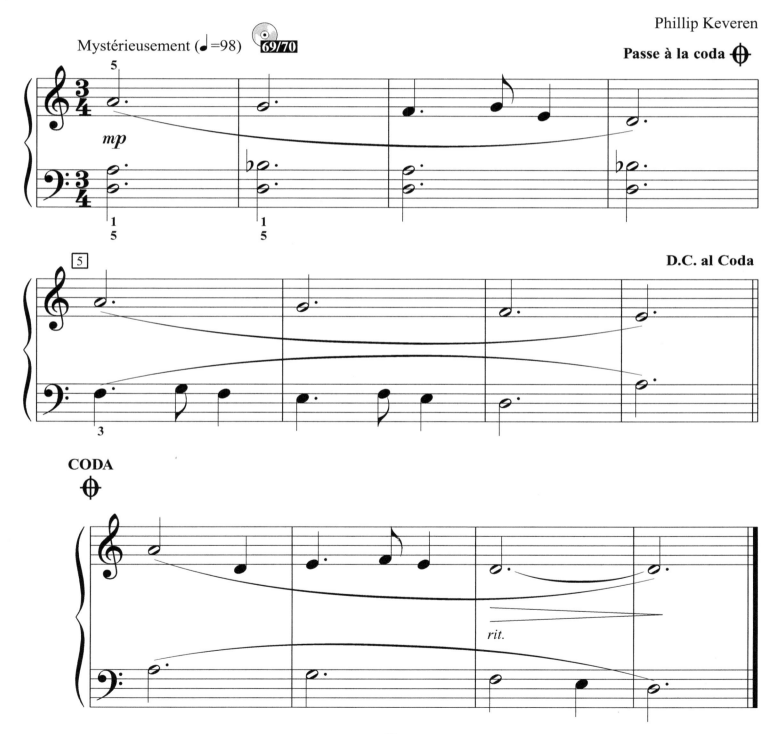

43

Les feuilles volantes

Brenda Dillon
et Fred Kern

Lentement

mp

Accompagnement (l'élève joue une octave plus haut.)

Lentement (♩=88)

p

8va⌐

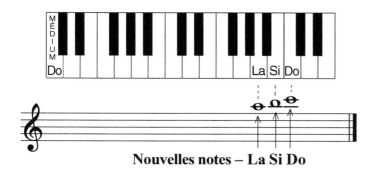

Nouvelles notes – La Si Do

Les deux clés de Sol placées en début de chaque portée indiquent que la main droite et la main gauche jouent en clé de Sol.

La joie

Énergiquement (♩=155) **73/74**

Barbara Kreader

Maintiens la pédale forte enfoncée pendant toute la durée du morceau.

simile = continuer de la même manière

45

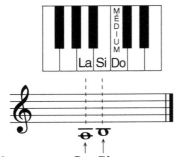

Nouvelles notes – La Si

Un nouveau départ

15ma --¬

L'abréviation *15ma--¬* placée au-dessus d'une note ou d'un groupe de notes indique qu'il faut jouer deux octaves plus haut que ce qui est écrit sur la partition.